Ursula Ri

Rund um Weihnachten

Wir basteln mit Papier

CHRISTOPHORUS
BRUNNEN-REIHE

Inhalt

Bald ist Weihnachten

Advent und Weihnachten gehören zu den schönsten Zeiten des Jahres. Wenn es im Winter schon am Nachmittag dunkel wird und die Abende lang werden, wenn es draußen kalt und drinnen so gemütlich warm ist, dann ist Bastelzeit. Schon bald ist die Wohnung festlich geschmückt, an den Fenstern zeigen Weihnachtsmotive die erwartungsvolle Stimmung und auf der Fensterbank erstrahlen Lichter. Kleine, liebevoll gestaltete Geschenke und Geschenkbehälter entstehen.
Beziehen Sie Ihre Kinder schon bei der Auswahl der Motive mit ein, so macht ihnen das Basteln noch mehr Spaß. Variieren Sie die gezeigten Motive, zum Beispiel mit einer eigenen Farbauswahl. Es gibt im Fachhandel ein breites Angebot an schönen Bastelpapieren mit Weihnachtsmotiven. Schauen Sie auch in Ihre Restekiste und dekorieren Sie einfarbigen Fotokarton mit bunten Stanzteilen. Das Bastelmaterial Papier bietet Ihnen vielfältige Gestaltungsmöglichkeiten.

Ich wünsche Ihnen und Ihren Kindern viel Freude beim Basteln
und ein frohes Weihnachtsfest!

Ihre

Ursula Ritter

Hinweise & Tipps

Das Material

Die meisten Motive in diesem Buch sind aus verschiedenen Papieren gearbeitet. Im Fachhandel erhalten Sie eine breite Auswahl an Bastelpapieren: Fotokarton, Tonpapier, Bastel-Wellpappe, unifarben oder mit Sternchen, Sternchen-Karton, Sternchen-Transparentpapier.
Für die Ausschmückung der Motive eignen sich selbstklebende Sterne oder mit einem Motivlocher gestanzte Sterne und Eiskristalle.

Vorlagen übertragen

Auf dem eingehefteten Vorlagebogen sind die Motive in Originalgröße abgebildet. Zum Übertragen Kohlepapier zwischen Vorlage und Werkmaterial legen und das Motiv mit einem harten Bleistift direkt durchpausen.

Schablonen herstellen

Architektenpapier bzw. dünnes Offsetpapier auf den Vorlagebogen legen und das Motiv nachzeichnen. Das Papier mit einem Klebestift, z. B. UHU stic, flächig auf dünnen Karton kleben und ausschneiden. Die entstandene Schablone auf das Werkmaterial legen und die Umrisse nachzeichnen.

Ausschneiden

Die Umrisse der aufgezeichneten Motive mit einer Papierschere, feinere Arbeiten mit einer kleinen, spitzen Schere (Silhouetten- oder Nagelschere) oder mit einem Cutter ausschneiden. Bleistift- oder Pauslinien immer mit wegschneiden. Kinder schneiden mit einer Bastelschere, deren Enden abgerundet sind.

Hilfsmittel und Werkzeuge

Folgende Hilfsmittel und Werkzeuge werden immer wieder benötigt und sind deshalb bei den Beschreibungen nicht mehr aufgeführt:
Kohlepapier oder Architektenpapier, Karton für Schablonen, Bleistifte (H, B), weicher Radiergummi, Papierschere, Silhouettenschere, Bastelschere für Kinder mit abgerundeten Spitzen, Lineal, Falzbein, Cutter mit Schneideunterlage, Klebstoff, z. B. UHU stic Klebestift und UHU Alleskleber extra.

Kleine Engel

Material

- Fotokarton in Braun
- Tonpapier in Hautfarbe, Gelb
- Sternchen-Wellpappe in Weiß
- Sternchen-Faltblätter in Weiß, Rot, Blau
- selbstklebende Sternchen in Gold
- Filzstift in Schwarz
- Holzbuntstift in Rot

Vorlage A

1 Alle Teile vom Vorlagebogen übertragen und ausschneiden.

2 Jeweils die Haare auf den Kopf kleben und die Gesichter mit Filzstift aufmalen. Wangen mit einem roten Buntstift leicht andeuten. Klebesternchen anbringen.

3 Kopf, Arm und Ärmel auf die Vorderseite, Bein und Flügel auf die Rückseite des Kleides kleben.

4 Die Engel entweder auf einem Stern aus Wellpappe oder auf einem Schaukelpferd fixieren. Eventuell den Stern noch auf eine Wolke kleben. Das Schaukelpferd mit Sternchen verzieren.

Tipp

Die Engelchen eignen sich als Geschenkaufleger oder als Anhänger für den Weihnachtsbaum.

Lebkuchen

Abbildung & Materialangabe Seite 8/9

1 Die Lebkuchen nach den Vorlagen ausschneiden, die Konturen der weißen Formen mit der Zackenschere nacharbeiten.

2 Die Motive der Abbildung entsprechend zusammenkleben.

3 Plastische Verzierungen mit einem weißen Pluster-Pen tupfend auftragen und trocknen lassen.

Lebkuchen

Material

- Fotokarton in Brauntönen
- Tonpapier in Weiß
- Klebepunkte in Rot und Schwarz, 8 mm ∅
- Pluster-Pen in Weiß
- Zackenschere

Anleitung Seite 6

Vorlage B

Geschenkschachteln

Material

- Fotokarton in Gelb, Rot, Grün
- Sternchen-Karton in Rot, Grün
- Tonpapier in Weiß, Hautfarbe
- Wackelaugen, 8 mm ∅
- Pompon in Rot, 10 mm ∅
- Schmuckband in Rot, Rot-Grün
- Motivlocher „Stern", „Schneekristall"

Vorlage C

1 Alle Teile nach den Vorlagen ausschneiden. Tipp: Je nach Größe des Geschenks, das verpackt werden soll, die Vorlagenzeichnungen mit dem Fotokopierer vergrößern oder verkleinern.

2 Die Geschenkverpackung falten und zusammenkleben. An den oberen Laschen jeweils eine Öffnung für das Band stanzen.

3 Die Vorderseite der Behälter mit Nikolaus oder Tanne bekleben.

4 Das Sternenband an den Einschnitten zusammenstecken und mit gestanzten Sternchen verzieren.

Serviettenringe

Material

- Fotokarton in Weiß und Rot
- Tonpapier in Gelb und Braun
- Pluster-Pen in Weiß
- Motivlocher „Stern", groß
- Zackenschere

Vorlage D

1 Die Grundformen der Serviettenringe nach den Vorlagen aus weißem oder rotem Fotokarton ausschneiden, teilweise mit der Zackenschere nacharbeiten und an den Einschnitten ineinander stecken.

2 Die braune Herz- oder Brezelform auf die weißen Serviettenringe kleben. Den roten Herz-Serviettenring mit gestanzten Sternen, die braunen Lebkuchen mit weißem Pluster-Pen verzieren. Die Farbe trocknen lassen.

Nikolaus

Material

- Tonpapier in Rot, Hautfarbe und Schwarz
- Veloursprapier in Weiß
- Wackelaugen, 10 mm ∅
- Pompon in Rot, 10 mm ∅
- Flitter-Sternchen

Vorlage E

1 Alle Teile nach den Vorlagen ausschneiden. Bei Velourspapier die Konturen auf die glatte Rückseite übertragen.

2 Die Ärmel mit den angeklebten Handschuhen auf der großen Körperform fixieren. Den Mantelsaum aufkleben. Beine und Stiefel an der Rückseite befestigen.

3 Das Gesicht der Abbildung entsprechend ausgestalten und auf die Körperform kleben. Bart, Mützenbesatz und -quaste anbringen.

4 Damit der Nikolaus auf dem Geschenkpäckchen aufrecht sitzt, die rechte Hand auf dem Bein fixieren.

5 Das Geschenkpaket mit Flitter-Sternchen verzieren.

Deko in Gold

Material

- Tonpapier in Weiß
- Alu-Krepppapier in Gold
- Schaschlikspieß
- dünne Goldkordel
- Wattekugel oder Pompon in Weiß, ca. 12 mm ∅
- Streuteil „Stern"
- Stoffrest in Blau mit Goldsternchen (ca. 24 x 12 cm) oder Serviette in Blau
- Lavendelblüten, getrocknet

Vorlage F

Den **Goldvogel** aus doppelt gelegtem Tonpapier ausschneiden. Das Motiv auch zweimal auf die Innenseite des Alu-Krepppapiers übertragen (einmal spiegelbildlich) und ausschneiden. Die Tonpapierformen deckungsgleich aufeinander kleben und dabei den Holzspieß mit einlegen. Beide Seiten mit den Formen aus Alu-Krepppapier beziehen und die Konturen bündig nachschneiden. Mit dem Cutter wie vorgegeben einschneiden. Ein Quadrat von 10 x 10 cm aus Alu-Krepp schneiden und ziehharmonikaartig falten. Den zusammengelegten Streifen durch den Schnitt im Vogelkörper stecken, oben auffächern und die gegenüberliegenden Ränder zusammenkleben.

Für das **Tischlicht** Alu-Krepp (51 x 6 cm) ziehharmonikaartig falten (Faltenbreite ca. 1,8 cm). Den zusammengelegten Streifen an einer Seite schräg abschneiden, so dass Spitzen entstehen. Die Faltarbeit auffächern und die gegenüberliegenden Ränder zusammenkleben. Das Teelicht mit Alu-Krepp ummanteln und in die Mitte der Rosette setzen.

Das Alu-Krepp (21 x 6 cm) der **Goldrosette** ziehharmonikaartig falten (Faltenbreite ca. 1 cm). Den zusammengelegten Streifen in der Mitte falten, eine Hälfte nach rechts und eine nach links wie bei einem Fächer öffnen und die Ränder aneinander kleben. Klebstoff mittig zwischen die Falten geben und zusammengedrückt halten, bis der Klebstoff anzieht. Einen Goldstern auf die Mitte der Rosette kleben.

Das **Duftsäckchen** entweder aus Stoff nähen oder eine Serviette zu einem kleinen Beutel zusammenfassen, Lavendelblüten einfüllen und mit einer dünnen Goldkordel abbinden. Für den kleinen Engel Alu-Krepp (8 x 7 cm) in schmale Falten legen. Den zusammengelegten Streifen etwa bei zwei Dritteln knicken. Wattekugel oder Pompon als Kopf auf diese Knickstelle kleben und einen gewellten Krepppapierstreifen als Haare fixieren.

Engel mit Mondsichel

Material

- Sternchen-Karton in Blau
- Fotokarton in Weiß, Gelb, Hautfarbe und Silber
- Filzstift in Rot und Schwarz
- Holzbuntstift in Rot
- Motivlocher „Stern", groß und klein

Vorlage G

1 Alle Teile nach der Vorlage ausschneiden. Mit den Motivlochern Sterne in die Mondsichel stanzen.

2 Das Gesicht des Engels mit Filz- und Buntstiften gestalten und die Figur der Abbildung entsprechend zusammenkleben.

3 Engel, Wolke und Mondsichel aneinander kleben.

Schneemann

Abbildung & Materialangabe Seite 20/21

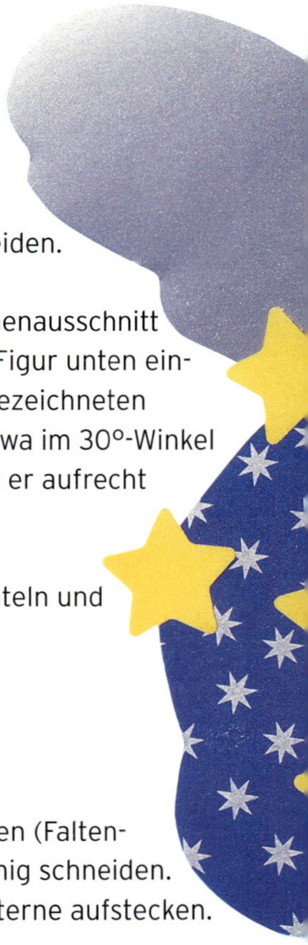

Schneemann

1 Alle Teile nach den Vorlagen ausschneiden.

2 Den Schneemann ausarbeiten. Den Innenausschnitt mit Transparentpapier hinterkleben. Die Figur unten einschneiden und die Füße entlang der eingezeichneten Linie falten. Die Fußteile am Einschnitt etwa im 30°-Winkel überlappend aufeinander kleben, so dass er aufrecht stehen kann. Auf den Stern kleben.

3 Teelicht mit Sternchen-Karton ummanteln und auf dem Stern fixieren.

Lichterband

Sternchen-Karton (40 x 12 cm) 7-mal falten (Faltenbreite 5 cm) und oberen Rand wellenförmig schneiden. Sterne ausstanzen und gelbe Tonpapiersterne aufstecken.

Schneemann

Material

- Fotokarton in Weiß
- Sternchen-Karton in Blau
- Tonpapier in Gelb, Rot, Schwarz
- Sternchen-Transparentpapier in Weiß
- Wackelaugen, 12 mm ⌀
- Motivlocher „Stern", groß
- Teelichter

Anleitung Seite 18

Vorlage H

Teelichter bitte nie ohne Aufsicht brennen lassen!

Tannenmotive

Material

- Fotokarton in Rot, Grün
- Alu-Krepppapier in Gold
- Goldkordel
- Motivlocher „Stern", groß und klein
- evtl. Zierrandschere

Vorlage I

1 Rechtecke aus Fotokarton schneiden: für die rote Grußkarte 21 x 14,5 cm, für die Tischkarte 14,5 x 10,5 cm und für den Geschenkanhänger 12 x 9 cm. Die Mittellinie mit einem Falzbein am Lineal entlang falzen, dann falten. Die Kanten bündig nachschneiden, eventuell mit einer Zierrandschere. Die übrigen Teile nach den Vorlagen ausschneiden bzw. die Sterne mit dem Motivlocher stanzen.

2 Die Tannenformen mit den Zackenrändern und Sternen bekleben und auf den Karten fixieren.

3 Das Leporello der Abbildung entsprechend ausgestalten, es kann nach Belieben verlängert werden.

Weihnachts-Elch

Abbildung & Materialangabe Seite 24/25

1 Aus weißem Fotokarton einen etwa 50 cm langen und 8 cm breiten Streifen schneiden. Eine der langen Kanten wellenförmig zuschneiden. Den Streifen an zwei Stellen falten, damit man ihn wie ein Leporello aufstellen kann.

2 Aus farbigen Tonpapier-, Fotokarton- und Wellpapperesten kleine Rechtecke und Quadrate als Geschenkpäckchen schneiden. Die übrigen Teile nach den Vorlagen ausschneiden.

3 Den Elch ausgestalten und mit der Tanne und den bunten Geschenkpäckchen auf dem weißen Band fixieren.

4 Die kleineren Aufsteller an den Einschnitten kreuzförmig ineinander stecken und ausschmücken.

Frohe Weihnachten

Weihnachts-Elch

Material

- Fotokarton in Weiß, Braun
- Tonpapier in Weiß, Gelb, Dunkelgrün
- Bastelpapierreste
- Schmuckbänder
- Wackelaugen, 10 mm ∅
- Klebepunkte in Schwarz, 8 mm ∅
- Motivlocher „Stern", „Eiskristall"

Vorlage J

Süße Mäuse

Material

- Motiv-Karton „Mäuse"
- Wackelaugen, 6 mm ∅
- Pompons in Schwarz, 10 mm ∅
- Bast in Rot

Vorlage K

1 Die Mäuse nach der Vorlage aus Bastelkarton schneiden.

2 Die Faltlinien mit dem Falzbein falzen, dann falten.

3 Die äußeren Segmente übereinander legen, einen Bastfaden als Schwänzchen einlegen und aufeinander kleben.

4 Wackelaugen und einen Pompon als Nase aufkleben.

Weihnachtsmann

Abbildung & Materialangabe Seite 28/29

1 Alle Teile nach den Vorlagen ausschneiden.

2 Den Weihnachtsmann der Abbildung entsprechend ausgestalten. Bart und Haare aus Füllwatte formen und aufkleben.

3 Beim Zusammenkleben der Figur die Sternschnuppe mit einfassen.

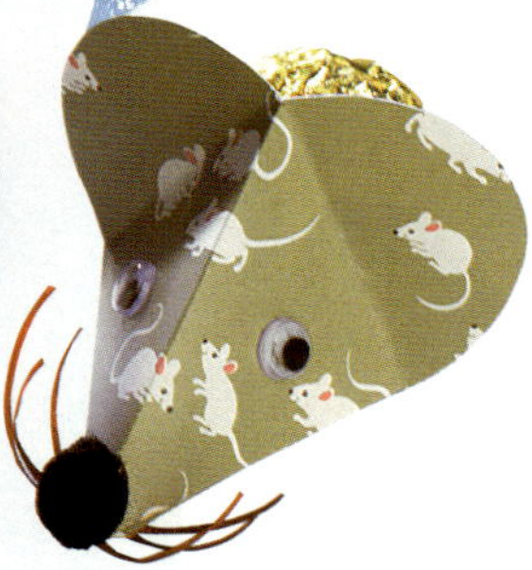

Weihnachtsmann

Material

- Sternchen-Wellpappe in Weiß
- Fotokarton in Rot
- Tonpapier in Blau, Hautfarbe, Schwarz
- Füllwatte in Weiß
- Wackelaugen, 10 mm ∅
- Pompon in Rot, 10 mm ∅
- Klebepunkte in Schwarz, 12 mm ∅
- Motivlocher „Stern“, „Eiskristall“

Anleitung Seite 26

Vorlage L

Tischlichter

Material

- Fotokarton oder Tonpapier in Grün
- Sternchen-Transparentpapier
- Sternchen-Faltblatt in Rot
- Klebesternchen
- Motivlocher „Stern", „Eiskristall"

Vorlage M

Teelichter bitte nicht ohne Aufsicht brennen lassen!

Weihnachtsbaum

1 Weihnachtsbaum und Stern nach der Vorlage ausschneiden. Sternformen aus dem Papierstern stanzen. Den Ausschnitt der Tanne mit Transparentpapier hinterkleben.

2 Die eingezeichnete Faltlinie an der Tanne falten und die beiden Klebestege am Einschnitt überlappend aufeinander kleben. Die Tanne auf dem Stern anbringen und beide mit Klebesternchen und Stanzmotiven verzieren.

3 Teelicht mit grünem Tonpapier ummanteln.

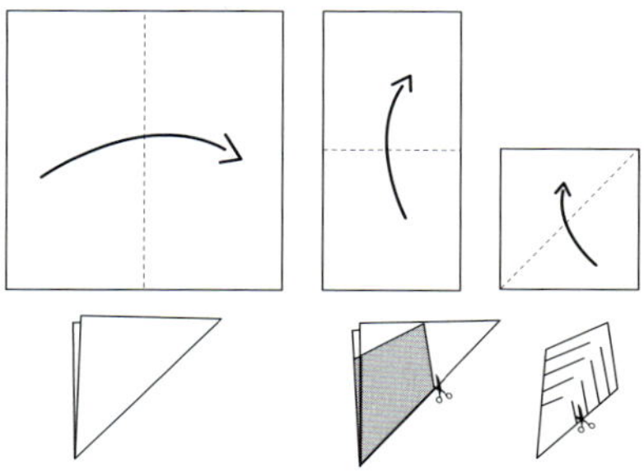

Stern

1 Quadratisches Faltpapier der Zeichnung entsprechend falten und einschneiden.

2 Einschnitte teilweise aufklappen, so dass sich ein symmetrisches Muster ergibt.

3 Teelicht mit Tonpapier ummanteln.

Impressum

© 2002
Christophorus Verlag GmbH
Freiburg im Breisgau
Alle Rechte vorbehalten –
Printed in Germany
ISBN 3-419-56409-0

Lektorat und Produktion:
Elke Fox, Freiburg

Styling und Fotos:
Christoph Schmotz, Freiburg

Covergestaltung und Layoutentwurf:
Network!, München

Coverrealisierung:
smp, Freiburg

Druck:
Freiburger Graphische Betriebe

Wir sind für Sie da, wenn Sie Fragen haben.
Und wir interessieren uns für Ihre eigenen Ideen und Anregungen.
Schreiben Sie uns, wir hören gerne von Ihnen!

Ihr Christophorus-Verlag

Christophorus-Verlag GmbH
Hermann-Herder-Str. 4
79104 Freiburg
Tel.: 0761/ 27 17-0
Fax: 0761/ 27 17-3 52
oder e-mail:
info@christophorus-verlag.de

www.christophorus-verlag.de

Aus der Brunnen-Reihe

3-419-56163-6

3-419-56270-5

3-419-56271-3

3-419-56280-2

3-419-56273-X